HEYNE <

Ralf Heimann (geb. 1977) hat 2010 mit einem Tweet über einen Blumenkübel in Neuenkirchen ein Internet-Phänomen ausgelöst. Im Jahr 2013 hat er den Roman »Die tote Kuh kommt morgen rein« veröffentlicht, in dem es um einen Journalisten geht, der aufs Land versetzt wird. Ralf Heimann verdient sein Geld als freier Journalist und Autor.

Jörg Homering-Elsner (geb. 1967) sammelt schon seit Jahren verunglückte Lokalmeldungen aus ganz Deutschland und veröffentlicht sie auf seiner Facebook-Seite »Perlen des Lokaljournalismus«. Er arbeitet als Lokalredakteur bei einer Tageszeitung im Münsterland.

Ralf Heimann
Jörg Homering-Elsner

Lepra-Gruppe hat sich aufgelöst

Perlen des Lokaljournalismus

Wilhelm Heyne Verlag
München

Verlagsgruppe Random House FSC® N001967
Das für dieses Buch verwendete FSC®-zertifizierte Papier
Profibulk von Sappi liefert IGEPA

Originalausgabe 10/2015

2. Auflage
Copyright © 2015 by Wilhelm Heyne Verlag, in der Verlagsgruppe Random House GmbH
Der Wilhelm Heyne Verlag, München, ist ein Verlag in der Verlagsgruppe Random House GmbH
Printed in Slovenia
Umschlaggestaltung und Motiv: Hauptmann & Kompanie Werbeagentur, Zürich
Redaktion: Birthe Katt, München
Satz: EDV-Fotosatz Huber/Verlagsservice G. Pfeifer, Germering
Druck und Bindung: Print Consult, München
ISBN: 978-3-453-60362-2

www.heyne.de

Vorwort

Kurz vor Redaktionsschluss. Die erste Lokalseite braucht noch eine Meldung. Ratlosigkeit. Das Postfach ist leer. Da ruft irgendwer: »Ich glaub, die Lepra-Gruppe macht nicht weiter!« Genau so etwas fehlte noch. Ein Anruf bei der Vorsitzenden, schnell ein paar Zeilen geschrieben. Jetzt nur noch die Überschrift. Wie könnte die lauten?

»Lepra-Gruppe hat sich aufgelöst« – Das passt. Und ab damit in die Druckerei.

Diese Situationen gibt es in jeder Lokalredaktion. Und jeder Lokaljournalist kennt den Moment kurz vor dem Schlafengehen, wenn man genau diese Textstelle plötzlich vor Augen hat und es langsam dämmert: Irgendwas stimmt da nicht. Aber dann ist es zu spät, und das ist unser Glück.

Wir sammeln seit Jahren kuriose Missgeschicke aus der Zeitung – Perlen des Lokaljournalismus. Die gleichnamige Facebook-Gruppe hat über 160.000 Fans und wächst ständig weiter. Inzwischen sind über 2000 Ausschnitte zusammengekommen, und es werden jeden Tag mehr.

Wir haben schon ein paar Mal gedacht: Jetzt kann eigentlich nichts Neues mehr kommen. Aber bislang war das immer ein Irrtum.

Für dieses Buch haben wir die schönsten Perlen zusammengestellt. Die Namen der Autoren oder Fotografen haben wir geschwärzt, wenn sie zu erkennen waren, denn wir wollen hier niemanden auslachen. Das wäre auch gar nicht so klug, denn einiges, was hier zu sehen ist, haben wir selbst verursacht oder beim Korrekturlesen übersehen.

Menschen machen Fehler. Im Prinzip hat man nur die Wahl, sich darüber zu ärgern oder darüber zu lachen. Wir favorisieren die zweite Variante.

Viel Spaß mit dem Buch!
Ralf Heimann und Jörg Homering-Elsner

Wahrsagerin von Messerattacke überrascht

Düsseldorf. Nach einer mörderischen Messerattacke auf eine Wahrsagerin in Düsseldorf ermittelt die Polizei im Kundenkreis der Dame. Ein Unbekannter hatte an der Wohnungstür

Tat stecke, sagte ihr Lebens fährt. Der Mann habe sie Wochen mit SMS belästigt.

Die Wahrsagerin sollte schnell wie möglich vernomn werden. Eine Zeugin hatte a

Kunstfehler: Eigentlich hatte sie damit gerechnet, angeschossen zu werden.

NOTIZEN

Mann auf Damenrad erwischt

EMSDETTEN. Ein junger Mann mit einem Damenrad wurde am Samstag gegen 2.20 Uhr von der Polizei angehalten.

Sodom und Gomorrha.

Die Orgel hätte wenigstens in die Überschrift gehört.

••••○○ Vodafone.de 🔒 20:45　　 33 % 🔋
noz.de

NOZ　

Startseite　　Deutschland & Welt　▼

Nur einen Mausklick entfernt
Online-Süchtige finden oft Hilfe im Web

Vom 03.04.2014, 13:01 Uhr

　　 weiterleiten

Viele haben auch gleichzeitig noch ein Alkoholproblem. Sie finden Hilfe beim Kiosk um die Ecke.

Kurz berichtet

Polizei überwältigt Stofftier

Ein riesiges Stofftier auf dem Beifahrersitz eines Kleintransporters hat in Wuppertal einen Einsatz der Polizei ausgelöst. Eine Autofahrerin hatte den Stoff-Biber im Vorbeifahren für einen maskierten Verbrecher gehalten und die Polizei alarmiert. Mehrere Beamte umzingelten den Kleintransporter – und fanden einen breit grinsenden Plüsch-Biber vor. (dpa)

Der grinsende Biber erhielt eine Anzeige
wegen Widerstands gegen die Staatsgewalt.

Busfahrer nach Drogentest schwanger

Halleluja! Ein Wunder!

Feuer in Steglitz

Frau (75) brannte rennend aus der Wohnung

Die Rentnerin (75) wird mit schweren Verbrennungen in Klinik gebracht, ihr Nachthemd brannte. Vier weitere Mieter wurden ebenso verletzt.

Da wurde nur ein Wechstabe verbuchselt.

Aus Westfalen und Nachbarländern

Münster, 12. Aug. [...]

»[...] Unter den Festgästen bemerkte man den kommandierenden General Frhrn. von Watter, den Oberpräsidenten Dr. Würmeling, Regierungspräsident a. D. von Bescher, Oberbürgermeister Dieckmann, Bürgermeister Sperlich, Oberpräsidialrat Kirchner, Oberregierungsrat von Reese, Major Schulz u. a., sowie die Vertreter der Lehrer- und Turnerschaft und andere Arschlöcher.«

2 schwarz-braune Westfalen-Terrier, im Ohr tätowirt Nr. 18.
☎

Bergkettcar
gut erhalten, zu verkaufen.
☎

Wer hat etwas gesehen?
Oder wer sieht noch etwas? Am 31.10. zwischen 14 Uhr und 15.30 Uhr, großes schwarzes Berg Kettcar, mit 2.-tem abnehmbarem Sitz gestohlen, Raum Hünenborg/Radweg Rheine/Neuenkirchen, ehemalige Bahntrasse. Bitte rufen Sie an unter ☎

Ach ja, kleine Ergänzung zur Anzeige oben:
Das Kettcar hat einen zweiten abnehmbaren Sitz.

quali Cook im ersten Drittel schienen das Signal für eine erfolgreiche Tübinger Aufholjagd. Doch der einstige NBA-Star hatte mit diesen sechs Punkten sein Tagwerk offensichtlich schon verrichtet und tauchte im weiteren Verlauf des Spiels ab. Zur ersten Viertelpause lagen die Tigers 17:30 hinten, hatten sich schon fünf Ballverluste geleistet und mit einer unterirdischen Trefferquote von unter 20 Prozent aus dem Feld den Gegner immer wieder in Vorteil gebracht.

Auch im zweiten Viertel warteten die etwa 0 mitgereisten Tübinger Fans vergeblich auf die große Wende. Dank ihrer Dominanz unter den Brettern bauten die ungemein bissigen Wölfe ihre Führung weiter aus. Eine Serie von acht

Und irgendwie schafften sie es trotzdem, wie 1 Mann hinter ihrem Team zu stehen.

Berufswunsch Fleischermeisterin   14.09.2014

Hauptsache was mit Tieren

Nach dem Abi Tierärztin werden – wie viele Mädchen hat auch Lena-Maria ▇▇▇ davon immer geträumt. Aber wie das Leben so spielt: Bald ist die 22-Jährige aus ▇▇▇▇▇▇ Fleischermeisterin.

Die Alternative wäre noch was mit Menschen gewesen.
Aber der Bestatter hatte schon einen Azubi eingestellt.

Kastanien im Todeskampf

In Ahlen zahlreiche Bäume vom Aussterben bedroht

VON

Hamm/Ahlen. Die Adenauerralle zählt zu Hamms beliebtesten Flaniermeilen. Unter alten Kastanien die Seele baumeln und die Stadt hinter sich lassen, das hat Flair. Ein Kahlschlag in dieser Naherholungszone? Undenkbar!

Doch genau das Szenario ist in unserer Nachbarstadt Ahlen bereits traurige Realität und könnte bald auch auf Hamm zukommen. In wenigen Tagen ist Ahlens impo-

Unter Verdacht: die gefällten Kastanien an der Adenauer-Allee.

hen, kippen aber plötzlich weil sie im Boden bereits komplett weggefault sind, erläutert der Baumsachve ständige Hans-Hermann St teler aus Ahaus. Eindeutig zeichen für einen Pseudon nas-Befall sei das Austret zäher Flüssigkeiten Stamm und den Ästen ein Kastanienbaumes. Der kra ke Patient blute und begin zu verfaulen.

Übertragen wird das Bal rium auf vielerlei Weg Luft, Wind, Vögel und In

Schon wieder unter Verdacht: Die Kastanien sind in Ahlen bereits einschlägig bekannt.

WACHSTUMSINITIATIVE

Berater helfen auf die Sprünge

ERSTELLT 04.09.2014

Den Bildtext macht am besten jemand, der weiß, wer drauf ist

Zum zwölften Mal ruft die Gründerregion Aachen derzeit zum Wettbewerb „Wachstumsinitiative" auf. Sie bietet die Möglichkeit die eigene Geschäftsstrategie durchdenken zu lassen. Und das Projekt kann bereits Erfolge vorweisen. Von

Hat aber noch Zeit mit dem Bildtext.
Vor November liest das eh keiner.

Bereits in der Nacht zu Sonntag war es im Berliner U-Bahn-Netz zu einem schweren Zwischenfall gekommen. In der U7 eskalierte ein Streit zwischen den Bahnhöfen Siemensdamm und Rohrdamm. Ein Mann (39) erlitt dabei einen offenen Schädelbruch.

Artikel bewerten

Der Grund für den Zwischenfall soll eine Auseinandersetzung über eine gemeinsame Fernverbindung gewesen sein.

Unschwer zu erkennen: Sie sind Feuer und Flamme.

Poller in Erfurter Meister-Eckehart-Straße steht wieder

03.07.2014 - 12:56 Uhr

Erfurt. Nachdem der neue Poller keine 48 Stunden in der Meister-Eckehart-Straße in Erfurt gestanden hatte, bevor er fiel, steht er seit Donnerstagmittag wieder.

Polizisten stellten den umgefahrenen Poller in der Meister-Eckehart-Straße sicher. Foto:

In der Nacht auf Donnerstag wurde er niedergestreckt und lag am Boden. Mopedfahrer nutzten vorher schon die Möglichkeit zum Durchfahren, Autofahrer jetzt auch wieder. Polizeibeamte hatten sich den Schaden in der Nacht angesehen und den Poller sichergestellt.

Weiß ich schon. Kam gerade als Eilmeldung.

Innenstadtverbot für Taschendiebe?

Kann man denn Taschendiebstahl nicht einfach generell verbieten? Das wär doch viel einfacher.

Bewaffneter Banküberfall auf Tankstelle

Aachen. Ein maskierter Mann hat am Donnerstagabend gegen 21.20 Uhr eine Freie Tankstelle an der Roermonder in Richterich überfallen. Unter Vorhalt einer Schusswaffe forderte der Täter die Kassiererin zur Herausgabe der Bar- [...] zei und der Autobahnpolizei beteiligten, verlief ohne Erfolg.

Der Täter wird wie folgt beschrieben: Etwa 30 Jahre alt, 1,75 bis 1,80 Meter groß, schmale Statur, [...]

Die Polizei schnappte den Täter, als er auf seiner Flucht bei einer Commerzbank tanken wollte.

Seine erste Bavaria ist Hans Z█████ in einem roten MG-A, Baujahr 1960 gefahren. Schon damals saß er lieber auf dem Beifahrersitz. Seit einigen Jahren überlässt er das Steuer seiner Frau – auch diesmal bei seiner 11. Rallye. FOTO: FKN

...seiner Frau, die er liebevoll Horst nennt.

Blick in die Gehege, in denen Tiere wieder gesund werden, die einst in viel zu kleinen Käfigen traumatisiert und vernachlässigt wurden

Sehen doch schon wieder ganz fidel aus, die »Tierchen«.

Kühe feiern lautstark ihr Wiedersehen

JOCKGRIM - Kühe einer Herde in Rheinland-Pfalz haben ihr Wiedersehen in der Nacht zum Mittwoch laut gefeiert und damit Verwirrung gestiftet. Beunruhigte Ohrenzeugen riefen die Polizei wegen starken Lärms. Die Beamten trafen auf 20 ausgelassen muhende Kühe. Die Polizisten ermittelten ihre Besitzerin. Diese erklärte, bei der Umsiedlung auf eine neue Weide seien die jungen Kühe zunächst von den alten Tieren getrennt worden. Das anschließende Wiedersehen feierten die Tiere laut Polizei bis in die Nacht. *dpa*

Und vorher hatten sie noch gedacht:
Eigentlich fehlen hier ein paar Bullen.

Eine Grafik sagt mehr als tausend Worte. Und dass er sich unnötig in Details verliert, kann man ihm auch nicht vorwerfen.

Drei Bauprojekte
Neue Wohnungen im Dorfkern nehmen Gestalt an

LEGDEN Ein Blick ins Neubaugebiet Up'n Berge zeigt: Der Einfamilienhausbau boomt in Legden. Dorfmitte tut sich was, und zwar im Miet- und Eigentumswohnungsbau für Singles und Senioren

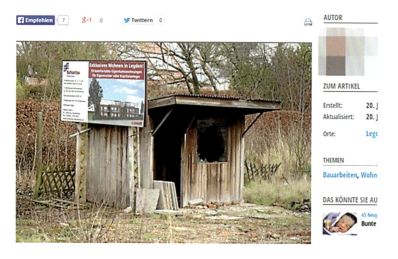

Trotz niedriger Zinsen hat sich der moderne Einfamilienhausbau
in Legden bislang noch nicht durchsetzen können.

RHEINFELDEN. Der Polizeialltag bestätigt es immer wieder: "Bei uns gehört Alkohol zur Freizeitkultur", sagt Revierleiter Siegfried Oßwald. Damit Schnaps und andere hochprozentige Destillate aber nicht schon in Händen Jugendlicher unter 18 Jahren die Runde machen, wird das Polizeirevier zusammen mit dem Ordnungsamt der Stadt doch Testkäufe machen, um zu prüfen, wie ernst in den Geschäften das Jugendschutzgesetz genommen wird.

Ja, schlimm ist das.
Es gibt Tage, da kommen die Kollegen morgens aus der Ausnüchterungszelle zum Dienst.

Viel mehr würde mich interessieren,
wie weit Rechenschwäche verbreitet ist.

KOMPAKT

Drei Tote sterben bei Schießerei in Belgien

BRÜSSEL. Bei einer Schießerei in Grimbergen nördlich der belgischen Hauptstadt Brüssel sind am Freitag drei Menschen ums Leben

High Noon in Zombie-City: Alle drei Männer waren zwei Tage zuvor bei einem Autounfall ums Leben gekommen.

Nummer 144

Polizeibericht

Wassertonne einfach umgekippt

Vilseck. Ein unbekannter Täter hat am Dienstag zwischen 13 und 14 Uhr im Garten eines Mehrfamilienhauses eine mit 200 Litern Wasser gefüllte Tonne mutwillig umgeworfen. Das Wasser lief vollständig aus, die Tonne wurde beschädigt. Den Schaden gibt die Polizei mit rund 50 Euro an. Hinweise auf den Übeltäter nimmt die Polizei in Vilseck (███████) entgegen.

Die Nachricht verbreitete sich wie ein Lauffeuer. Jetzt geht in Vilseck die Angst um. Hoffentlich ist es kein Serientäter!

Der 30-Jährige brachte die Beamten zu ihren Kollegen auf die Wache, wo ihre Rückkehr mit einer guten Flasche Schnaps gefeiert wurde.

DROGEN

Polizei stoppt 30-jährigen Autofahrer

Stetten a.k.M. – Alkoholisiert und unter Drogeneinwirkung stehend haben Polizeibeamte in der Nacht auf Montag in Stetten a.k.M. einen 30-Jährigen angehalten. Wie die Beamten mitteilen, fuhr der Mann in der Guldenbergstraße und kam in die Kontrolle. Dabei zeigte ein Alkoholtest über 0,8 Promille an. Auf Drogenkonsum angesprochen, händigte der 30-Jährige den Beamten ein Döschen mit Haschisch aus. Auch der Drogenvortest reagierte positiv.

MARIENSCHLUCHT

FDP fordert Demokratieabbau

Laer. "Die von der FDP vorgeschlagene Gemeindefinanzreform, die unter anderem den Ersatz der konjunkturabhängigen Gewerbesteuer durch eine Kommunalsteuer vorsieht, und das Bürgergeld-Konzept, mit dem vor allem niedrigqualifizierte Langzeitarbeitslose wieder einen Arbeitsplatz und eine Perspektive erhalten, können einen wichtigen Beitrag zur Sanierung der kommunalen Haushalte leisten." Mit diesen Worten begrüßte FDP-Fraktionschef Uwe Veltrup am Donnerstag den FDP-Sozialexperten Daniel Bahr, der Interessierten die Idee und Vorteile des Bürgergeldes erläuterte. Ein wesentlicher Pluspunkt, so die FDP in einer Pressemitteilung, sei die Integration des Sozialsystems in das Steuersystem. Bisher berechnen und verteilen 45 Behörden 152 verschiedene Sozialleistungen. Künftig soll das Finanzamt nicht nur für Steuern, sondern auch für die Sozialleistungen verantwortlich sein. "Wer Einkünfte unterhalb eines festzulegenden Existenzminimums hat, bekommt Geld, nämlich Bürgergeld, vom Finanzamt. Wer höhere Einkünfte hat, zahlt unter Berücksichtigung der Freibeträge – das Steuermodell sieht 7700 Euro je Familienmitglied vor – Steuern an das Finanzamt", machte Bahr das Potenzial für den Bürokratieabbau deutlich.

…sowie eine radikale Einschränkung der Freiheit.

Dem Fotografen hatten sie gesagt:
»Wir brauchen gar nicht das ganze Gruppenbild.
Ausschnitt von der Schützenkönigin reicht.«

Montag, 13. März 2000

Das Bläsertrio „Lento" mit Winfried Grohe, Jochen Walter und dem unsichtbaren Mann (rechts).

Stehende Ovationen gab es, als der unsichtbare Mann auf seiner Luftgitarre minutenlang ein Solo spielte.

Schwestern feiern am Teich

Ihr Sommerfest feierten die Ordensschwestern des Hauses Loreto. Es stand unter dem Motto: „Ein Tag am Teich". Tatsächlich hatten sich die Ordensfrauen um den Teich im Garten des Landhauses versammelt. Sie ließen Bötchen fahren und angelten. Dazu erklangen vertrauten Weisen von Seemannsliedern eines Akkordeonspielers. Höhepunkt war die Aufführung des Märchen vom Froschkönig. Dazu hatten sich einige Schwestern verkleidet.

Foto: fn

Szene aus einem frühen Film von Monty Python.

POLIZEIBERICHT

Klebehaken in Imbiss gestohlen

Kyritz – Eine 56 Jahre alte Frau soll am Donnerstag aus einem Imbiss an der Hamburger Straße in Kyritz zwei Klebehaken gestohlen haben. Der Gesamtwert des Diebesgutes beträgt 1,50 Euro, teilte die Polizei gestern mit.

Mit Kurzzeitkennzeichen

Was kommt als Nächstes?
Zahnstocher mutwillig zerbrochen?

Als in St. Pölten neulich eine Hose auf einer Parkbank lag,
war sogar das Fernsehen da.

Ich hatte mir diese Gotteskrieger ja ehrlich gesagt ganz anders vorgestellt.

Schwerhörigkeit – Vortrag wird wiederholt

Braunschweig. Das Klinikum lädt für Mittwoch, 10. September, 18 Uhr, zum Vortrag „Schwerhörigkeit – was kann man tun?" in das Bildungszentrum des Klinikums, Naumburgstraße 15, ein. Es ist die Wiederholung des Vortrags vom vergangenen Mai. Es referiert die Leitende Abteilungsärztin für die Bereiche Phoniatrie/Pädaudiologie der Hals- Nasen- und Ohrenklinik, Dr. Wilma Vorwerk. Der Eintritt ist frei.

Der Vortrag über Erledigungsblockaden am kommenden Dienstag wird leider schon zum dritten Mal verschoben.

Dreierteam hat sich bewährt

Fußballabteilung des SC Rain wählt neue Abteilungsleitung

Rain. (ta) Die Jahresversammlung der Fußballabteilung des SC Rain stand im Zeichen der Neuwahl der Abteilungsleitung. Gleichzeitig gab es sowohl einen Rückblick auf das vergangene Jahr, als auch einen Ausblick auf die verschiedenen Planungen für 2014. Als Dreierteam führen Klaus Barkenstein, Thomas Lehrberger und Eduard Graf die Fußballabteilung.

Beim Bericht über die Mannschaften erfuhren die Zuhörer, dass beim SC Rain zwei Seniorenmannschaften, zwölf Mannschaften der Altersklassen A-, B-, C-, D-, E-, F- und G-Junioren, sowie eine AH/AL-Mannschaft in Spielbetrieb sind. Bei der sportlichen Bilanz erinnerte der stellvertretende Abteilungsleiter Klaus Barkenstein an die Meisterschaft der ersten Mannschaft und den damit verbundenen Aufstieg in die Kreisklasse Straubing.

Franz Boneder, Eduard Graf, Klaus Barkenstein und Thomas Lehrberger (von links).

zwölf Jugendmannschaften im Spielbetrieb, die von 25 Trainern und Betreuern trainiert werden. bote des BFV für Trainer und Betreuer. Des Weiteren soll die personelle Präsenz des Vereins bei öffentlichen Anlässen in Zusammenarbeit

Im Verein auch bekannt als das Vierertrio.

Der Türke ist ein Libanese?

Oder umgekehrt?

Emsdetten ▪ Angeklagt wegen

Am Ende des Prozesses stand endlich fest:
Er war Emsdettener.

Gruppenbild mit Pferd. Aus dem Text geht leider nicht hervor, wie es zu dieser Szene kam.

Aus der Bildzeile leider auch nicht.

Der Ball war gestern rund

Lokaler Sport. Davensberg war gestern wirklich Davensberg und der Ball war so unheimlich rund, daß sich die zahlreichen Zuschauer, die sonst nur an den Hängen und Pisten.

Der Rest wurde leider rausgekürzt: »...standen, hemmungslos betrunken. Und mit dabei: der Sportredakteur.«

Die Einstellung stimmt schon mal.
Die SBR-Losung für die Rückrunde soll lauten:
»Haut se, haut se, immer in die Schnauze!«

SuS 2 schlägt Rodde 1:1

Und letztes Mal haben sie noch unentschieden gespielt. 3:0, glaub ich.

dthalle / Hohe Durchfallquote bei Köchen als bedenklich angesehen

Eine Nachricht mit Pfiff!

Die TVE-Damen brechen am Ende

Basketball: 47:75-Niederlage beim Landesliga-Spitzenreiter fällt zu hoch aus

EMSDETTEN. Mit 47:75 verloren die TVE-Basketballerinnen am Sonntag bei Tabellenführer TSVE Dolphins Bielefeld klar. Der Erste gegen den Vierten – doch die Vorzeichen für dieses Landesliga-Topspiel waren denkbar schlecht. Zwei der nur acht mitgereisten TVE-Spielerinnen waren durch einen Kapselriss am Finger gehandicapt. Trotzdem wollten die Dettenerinnen den Favoriten ärgern.

Der TVE startete offenbar sehr gut und punktete mit hoeingesammelt wurden. Dank des sehr treffsicheren Duos Inga Schollmeier und Virginia Neher, die alle TVE-Punkte des Viertels erzielten, blieben die Gäste im Spiel. 39:30 führte Bielefeld zur Pause. In der Kabine machte Coach Sascha Guettat seinen Schützlingen klar, dass in diesem Spiel noch einiges möglich sei, wenn die Einstellung in der Verteidigung stimme. Motiviert kamen die Ersatzstädterinnen aus der Kabine. Mehrfach arbeiteten sie sich bis auf

Den Zuschauern war sogar schon zur Halbzeit übel.

Eierwerfer angezeigt

NEUSTADT. Bei der Polizeiinspektion Kelheim wurde ein unbekannter Eierwerfer angezeigt. Im Verlauf des gestrigen Tages warf ein unbekannte Täter ein Ei gegen eine Hauswand in der Föhrengasse. Der Sachschaden wird mit ca. 5 Euro angegeben. Sachdienliche Hinweise bitte an die Polizeiinspektion Kelheim unter der Nummer (███) ███.

....

Die Sonderkommission »Hauswand« ist nun auf der Suche nach einem Unbekannten, der zwischen Montagabend und Mittwochmittag, 13 Uhr, im Raum Neustadt ein Ei gekauft hat.

...wird wegen fahrlässiger Körperverletzung ermittelt. *(az)*

Unbekannter reißt Zweige von Strauch ab

An einem Strauch in der Schulstraße in Pfaffenhofen sind am Freitagabend nach Angaben der Polizei mehrere Zweige abgerissen und mitgenommen worden. Der Täter ist unbekannt. Die Polizei Weißenhorn bittet um Hinweise. *(az)*

SENDEN

Die Börsen reagierten nervös.

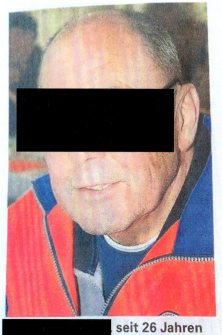

seit 26 Jahren im Verein

«Das Schiessen war während der Berufszeit wichtig, weil man sich so von Problemen lösen konnte.»

»Sie werden lachen, aber einmal konnte ich so sogar meinen Ehestreit klären. Seitdem: keine Probleme mehr. Toi, toi, toi!«

Goethe? Hat der nicht in Faust III diesen Homunkulus gespielt?

FUSSBALL

Nachholspiel in Weidach

Weidach – In einem Nachholspiel der Rückrunde der letzten Saison (!) der Fußball-A-Klasse 5 Coburg erwartet der SV Weidach heute um 18.30 Uhr den ASC Eyrichshof. ==Der Partie kommt keinerlei Bedeutung zu und sie ist überflüssig wie ein Kropf.== Beide Mannschaften sehen dieses Duell letztlich als reine Vorbereitung auf die Anfang August beginnende Verbandsrunde an. *di*

Wollinger berichtete immer sachlich.

> Ein Wildunfall ereignete sich in der Nacht zum Freitag auf der Bundesstraße 87 zwischen Rochau und Neusorgefeld. Ein Wildschwein lief hier in ein Reh. Der Sachschaden beläuft sich nach ersten Schätzungen auf rund 5 000 Mark.

Am Wildschwein entstand lediglich Blechschaden.

Hohe Hürden für Flughafen Kauf

Zweibrücken. Ein möglicher Käufer des Flughafens Zweibrücken muss eine hohe zweistellige Summe auf den Tisch legen. Das rheinland-pfälzische Infrastrukturminis-

Für den Preis hätte ich wahrscheinlich gleich zwei genommen.

Region › Oldendorf-Himmelpforten › Blaulicht › Kondomautomat mit Ständer geklaut

Kondomautomat mit Ständer geklaut

tk. Himmelpforten. Ob die unbekannten Täter scharf auf Geld oder Sex waren, vielleicht auch auf beides, ist bislang unbekannt. Fakt ist: Die Polizei hat im Himmelpforten am Dienstagmorgen einen aufgebrochenen Kondomautomaten in Breitenwisch in der Straßenböschung der K81 gefunden.

Ganz offensichtlich bestand akuter Bedarf.

Wahnsinn! Vor zwei Wochen war's noch so heiß, dass man sich zu Tode schwotzte.

IN DEN TOPF GESCHAUT

Landfrauenauflauf mit Frühlingsquark

Steht leider gar nicht dabei, wie die Landfrauen da reinkommen.
Roh oder gedünstet?

Letztes Jahr hab ich auf »Weiß nicht« getippt, aber am Ende hat dann doch »Nein« gewonnen.

Aber ganz wichtig: hinterher unbedingt trocken trocknen!

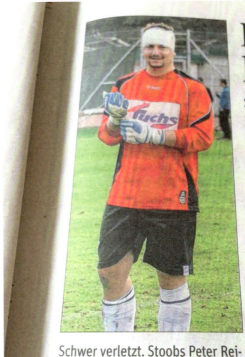

Schwer verletzt. Stoobs Peter Reidinger zog sich in Kobersdorf eine schwere Knieverletzung zu.

Der Mannschaftsarzt wurde nach dem Spiel entlassen.

Geheimtipp zum Staunen

$ strotmanns com

Erleben Sie mal wirklich etwas neues in Stuttgart!

Schlossgarten in Stuttgart - Grausig-Fund am Grillplatz: Besucher entdecken Kofferleichen beim Pinkeln

02.06.2014 (vor 3 Tagen)

Strahlender Sonnenschein, wohlig warme Temperaturen, saftige Steaks So ähnlich dürften die Besucher eines Grillplatzes im Stuttgarter Schlossgarten ihren Sonntagabend verbracht haben Bis sie beim Austreten einer Blutspur folgten - und eine grausige Entdeckung machten

Kofferleichen beim Pinkeln.

Das ist tatsächlich ein Geheimtipp zum Staunen.

Wenn's mit dem Eishockey nichts wird, können sie es als Duo immer noch in der Porno-Branche versuchen.

Die Karten für die Kulturevents in Eisenstadt
gehen weg wie kalte Semmeln.

Stürmischer Wind und zeitweise Regen

Regionalwetter

Heute bringen viele Wolken zeitweise Regen oder Sprühregen. Die Höchstwerte betragen zumeist 12 bis 16 Grad, und der Wind weht mäßig bis frisch in Böen auch stürmisch aus Südwest. In der Nacht scheint nur selten die Sonne. Der Himmel ist stark bewölkt. Die Tiefstwerte belaufen sich auf 10 bis 7 Grad.

Wind in km/h

Vor und nach dem Regen trocken,
abends ist mit Dunkelheit zu rechnen.

Gemeinde hat gleich zwei Eisdielen
Nordkirchen: Eis-Versorgung dichter als in Italien

NORDKIRCHEN Nordkirchen in Münsterland: eine Hauptstraße, ein Marktplatz, rund 9500 Einwohner und gleich zwei Eisdielen. Während andere Dorfbewohner im Sommer ganz ohne Gelati auskommen müssen, hat der Nordkirchener sogar die Qual der Wahl. Denn rein statistisch gibt es in Nordkirchen pro Kopf mehr Eisdielen als im Heimatland von Malaga und Stracciatella.

> In Nordkirchen lebt übrigens auch ein ganz guter Fußballtorwart. Und wissen Sie was? Die Dichte an guten Torhütern ist damit noch größer als in ganz England.

Bombe, alle werden sterben", stand da. 4400 Euro konnte der 23-Jährige erbeuten.

Mit dem Geld erledigte der Angeklagte zunächst das Notwendigste. Er bezahlte die Stromrechnung, kaufte sich einen Jogging-Anzug und ging ins Bordell. Unterdessen wu nach ihm schon auf Facebook gefahndet. Er konnte in einem Berliner Hotel festgenom

Besonders tragisch: Neulich ist schon seine Wohnung abgebrannt, und da konnte er nur das Wichtigste retten: einen Pfandbon, den Zauberwürfel und seine Schwimmflossen.

Die Mündung des Salzbaches in die Saale gehört zu den beliebtesten Ausflugszielen der Gnölbziger. FOTOS (3):

Die Mündung des Salzbaches: Weit über die Region hinaus bekannt als die Niagara-Fälle von Gnölbzig.

Die Besucher waren begeistert von „Kunst im Rathaus".

Sie waren nicht nur begeistert, sie waren richtig begeistert.

An solchen Tagen kann man sich auch ruhig mal ein bisschen hängen lassen.

Veganes Sommerfest im Schlachthof

emen ▬ Das erste vegane Sommerfest Bremens findet am Sonntag, 24. August, ab 10 Uhr in der Arena am Kulturzen

Was am 24. August sonst noch so los ist:
Katholische Jahrestagung in Bremer Spielhölle.

PROZESS
Kuh tötet Frau: Geldstrafe

Dillenburg – Eine hessische Landwirtin muss eine Geld-

Geldstrafe? Gibt's doch nicht! Die Kuh gehört ins Gefängnis!

Sechs Zeitungen die Woche gab es schon immer.
Aber das ist wirklich neu.

Lokales aus der Prignitz

MITTWOCH, 6. AUGUST 2014 | VORMITTAG 22° | NACHMITTAG 24° | MORGEN 256°

Den 7. August 2014 wird man in der Prignitz so schnell nicht vergessen.

Initiative der Ortsbeiräte:
Neue Hundekotspender aufgestellt

Bad Vilbel. Hundehaufen auf Gehwegen, im Kurpark und auf Wiesen sorgen immer wieder für Ärger. Landwirten macht das undisziplinierte Verhalten von Hundehaltern sogar echte Probleme, weil der Kot von frei laufenden Hunden auf ihren Feldern das Tierfutter verunreinigt und zu Krankheiten führen kann.

Dem Wunsch beim Bürgerhaushalt, neue Hundekotspender in Bad Vilbel aufzustellen, wurde Genüge getan. Auf Initiative der Bad Vilbeler Ortsbeiräte und der Mithilfe von fünf ehrenamtlichen Betreuerinnen und Betreuern konnten nun sechzehn neue Hundekotbeutelspender aufgestellt werden. „Wir haben damit einiges an

Die Situation kennt ja jeder. Sonntagnachmittag. Man sitzt zu Hause und stellt plötzlich fest: Man braucht noch Hundekot. Aber wo um alles in der Welt soll man den auf die Schnelle herkriegen?

Ortsbürgermeister von Bärenbach – kein schöner Beruf.

Austausch über häusliche Gewalt

Herrenabend in vertrauter Atmosphäre

RNSTORF • Im Rahmen s Präventionsprojektes irgermut tut allen gut – chbarschaften gegen isliche Gewalt aktivie-" wird in diesem Monat der ein Herrenabend an- oten. Interessierte Män-

Es geht auch darum, Mitmenschen Informationen zu vermitteln, wie sie Zivilcourage zeigen und mit häuslicher Gewalt besser umgehen können. Unter der Leitung von Andreas Storn, Mitglied des mobilen Beratungsteam, und Frank

In vertrauter Atmosphäre: Erst lässt man sich nicht ausreden, dann wird's handgreiflich.

Autsch! Immerhin wurden nicht alle ernsthaft verletzt.

Dolles Ding: Jäger verhaftet.

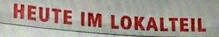

Lepra-Gruppe hat sich aufgelöst

HORSTMAR-LEER. Aus Altersgründen hat sich die Leerer Handarbeitsgruppe, die jahrelang für die Lepra-Hilfe gearbeitet hat, jetzt aufgelöst. Zum Abschied gab es für alle Mitglieder eine Rose. Die haben jedes Jahr einen Basar vor Ort veranstaltet, dessen Erlös stets für die Kranken gespendet wurde.

Ein bisschen Schwund ist immer.
Auch die Pest-Gruppe sieht für ihre Zukunft schwarz.

Abschied von der Ausbildung

16 junge Menschen und Frauen bestehen die Prüfung für Bankkaufleute in Alfeld

Alfeld (r) "Auf diese Prüfungsergebnisse können Sie sehr stolz sein", begrüßte Marianne Ahlswede-von Klauke, Schulleiterin der Berufsbildenden Schule in Alfeld, die erfolgreichen Absolventen der IHK-Prüfung für Bankkaufleute. Nach zweieinhalbjähriger Ausbildung an der Berufsschule und in ausbildenden Betrieben legten die 16 Azubis bereits im November den schriftlichen Teil der IHK-Prüfung ab. Der praktische Part fand unmittelbar vor der Zeugnisübergabe statt.

Seit der Neuausrichtung des Ausbildungsberufsbildes erfolgt die praktische Prüfung in Form eines simulierten Beratungsgesprächs. "Es ist unglaublich, wie schnell die zweieinhalb Jahre der Ausbildungszeit vergangen sind und sehr beeindruckend, wie souverän und professionell die Azubis die gestellten Aufgaben wieder einmal gemeistert haben", so der Vorsitzende des IHK-Prüfungsausschusses Bankkaufleute in Alfeld, Bankdirektor Wolfgang Keunecke. An der Berufsschule in Alfeld werden seit vielen Jahren die Auszubildenden der Volksbank Hildesheimer Börde, der Volks- und Raiffeisenbank Leinebergland und der Volksbank in Alfeld, Bad Gandersheim, Bockenem, Langelsheim und Seesen im dualen System ausgebildet. Zusätzlich nahm in diesem Jahr ein Absolvent des Dualen Bachelor-Studiengangs der Berufsakademie (Genossenschaftsverband) an der Prüfung teil.

Bestanden haben: Ramona Ebeling, Sandra Glatz, Annika Glowienka, Lennart Guder, Rouven Himstedt, Frida Krieger, Vanessa Schließer, Henrik Schwetje, Wiebke Alberts, Marvin Bertram, Nicole Faulhaber, Christina Langolf, Tobias Limburg, Simon Nowitzki, Florian Pleße und Kevin Riemann.

Geschafft: Die jungen Bankkaufleute haben ihren Abschluss in der Tasche.

Die Frau: der beste Freund des Menschen.

Viele Balver erinnern sich an den Einzug Jesu in Jerusalem

Palmsonntag: Segnung und Prozession in vielen Ortsteilen / Erstkommunionkinder nehmen in Langenholthausen teil

Einige Balver haben beim Stöbern in alten Alben sogar noch Fotos gefunden.

Kein Anschluss: Leitung tot bei Bestattungsfirma

ÄRGER Unternehmen streitet mit Telekom – Umsatzeinbußen befürchtet – Anwalt eingeschaltet

Als sie den Tod festgestellt hatten, entkleideten sie die Leitung,
wuschen sie und sprühten sie mit Rosenduft ein.

Zeugen berichten, dass der Täter auch vor dem Überfall schon mehrfach in dem Geschäft gesehen worden sein soll.

> **Bereits in ü...**
>
> **CASTROP-RAUXEL.** Obwohl bereits über 250 Städte die zuerst 2008 von Paderborn eingeführte Kastrationspflicht für Katzenbesitzer beschlossen haben, soll ein solcher Schritt hier noch ausgiebig geprüft werden.

In Paderborn war das damals ganz schlimm.
Während die Katzen zu Hause auf dem Sofa lagen, trieben ihre Besitzer sich abends in der Altstadt rum und zeugten massenhaft Nachwuchs.

Nullnummer: Die Wahlbeteiligung lag bei 0,0001 Prozent.

MITTWOCH, 24. SEPTEMBER 2014   TAGESZEITUNG FÜR KULMBACH STADT UND LA

Kulmbach nimmt Flüchtlinge auf

HILFE Gestern sind 32 Männer, Frauen und Kinder aus dem Bürgerkriegsland Syrien angekommen. Später kommen noch 22 Flüchtlinge aus Untersteinach dazu. **Seite 9 + 16**

Untersteinach wurde in den vergangenen Tagen erneut von heftigen Kämpfen heimgesucht.

🖨 drucken   empfehlen   16.09.2014 - 15:45 Uhr

POLIZEIMELDUNG

Exhibitionist tritt bei der Stadthalle Reutlingen auf

REUTLINGEN. Nach einem Exhibitionisten fahndet derzeit die Polizei in Reutlingen. Der Sittenstrolch trat am Montagmittag bei der Stadthalle auf.

Der Kartenvorverkauf beginnt am Freitag.

Österreichs Bauern geben zu viel Milch

oesterreichs Bauern geben zuviel / Bild: (c) imago stock&people (imago stock&people)

Die heimischen Bauern überschreiten die von der EU vorgegebene Milchquote mit 3,6 Prozent am höchsten. Dafür müssen sie 28,7 Mio. Euro Strafe zahlen.

01.10.2013 | 15:37 | (DiePresse.com)

Bei den Kühen dagegen ist die Produktionsmenge leicht rückläufig.

Der Reporter berichtet unter Hochdruck vor Ort aus dem Resselpark.

An dieser Zitze zu nuckeln will gelernt sein!

So schwer kann das aber auch nicht sein.
Lang genug scheint sie ja zu sein.

Unbekannter raubte die Schultasche

Überfall auf einen 16-jährigen Schüler Donnerstagmittag an der Niederhaid in Wien-Penzing. Ein 20 bis 25 Jahre alter Mann drückte dem Burschen ein Messer an den Rücken und forderte die Herausgabe aller Wertgegenstände. Der Täter flüchtete mit Schultasche, Hand und Armbanduhr.

Wenigstens die Hand hätte er ihm lassen können.

Beim Oktoberbräu Bieranstich im Gasthaus Hausberger: Bürgermeister Anton Kasser, Bierversilberer Gerwald Schattleitner, Maria und Klaus Hausberger, Landtagsabgeordneter Anton Kasser, Markus Kickinger und Josef Streisselberger.

FOTO:

Nicht im Bild: Finanzminister Anton Kasser.

> So etwas hat es bislang noch bei keiner Wahl gegeben. Als am Sonntag der Erste ins Wahllokal kam und beklagte, dass seine Briefwahlunterlagen nicht angekommen sind, hat Stephan Fuchs noch nichts Böses geahnt. Gesetzeskonform hat er den willigen Wähler wieder weggeschickt und

Rollifahrerin (92) rammt 74-Jährige

Bad Füssing. Mit einem Krankenfahrstuhl ist am Sonntag eine Fußgängerin angefahren und verletzt worden. Gegen 15.20 Uhr war eine 92-jährige Bad Füssingerin mit ihrem Krankenfahrstuhl in der Kurallee unterwegs. Der elektrisch betriebene Krankenfahrstuhl hat eine Höchstgeschwindigkeit von 6 km/h. Auf Höhe Hausnummer 22 fuhr die 92-Jährige einer Fußgängerin von hinten in die Beine, sodass diese stürzte. Dabei wurde die 74-jährige Münchnerin leicht verletzt. Eine ambulante Versorgung durch den Rettungsdienst vor Ort war ausreichend. Die Unfallverursacherin blieb unverletzt. – red

The Fast and the Furious:
Rollifahrerin flüchtet auf einem Reifen.

Im Bezirk Schärding erfährt die Inquisition eine unerwartete Renaissance.

Die Stadt sucht nach
dort für einen öffentlichen
burger Vorbild.

> **,,** *Bitte überschreiben Sie diesen Text! Aber nicht länger als sieben Zeilen! Die Silbentrennung ist ausgeschaltet!*
>
> **Frank Rebhan** **,,**
> Oberbürgermeister

Aber Herr Oberbürgermeister Rebhan! Ist das nicht ein Eingriff in die Pressefreiheit?

einem Schrank im Freizeitzentrum gestartet werden, der nicht

Einbruch in Firmenräume

ELLINGHORST. Das vergangene Wochenend missbrauchten unbekannte Täter, um in der Zeit zwischen Samstag und Montagmorgen in die Fäume einer Firma an der Bottroper Straße einzubrechen.

Gestohlen wurden neben CDU-Rohlingen auch eine Fritz-Box sowie ein UTMS-Stick.

Um es noch mal kurz zusammenzufassen: Die Täter stahlen aus den Fäumen der Firma einen CDU-Rohling und einen UTMS-Stick. Was auch immer das heißen mag.

Davor stand er vier Jahre lang mit einem Bein im Gefängnis.

Gymnastik nach Pilatus

St. Arnold ▪ „Pilates" ist eine sanfte Trainingsmethode, bei der in erster Linie Körper- nastik; Übungen zur Körperwahrnehmung.

Soll sehr gut fürs Kreuz sein.

Stadtsteinach
Lamas sind die Delfine der Weide

Ganz zu schweigen von den Kühen, den Fischen der Berge.

| Fernsehen | TVthek | Radio | Debatte | Österreich | Wetter | IPTV | Sport |

Eisenstadt: 27,1 °C

Auto überschlug sich und landete in Ungarn

Bei einem Verkehrsunfall zwischen Mogersdorf und Deutsch Minihof (Bezirk Jennersdorf) hat Mittwochmittag ein Autofahrer Verletzungen unbestimmten Grades erlitten. Das Auto des Mannes überschlug sich und landete auf ungarischem Staatsgebiet.

Zwischen Mogersdorf und Deutsch Minihof wird immer wieder von einem Fehler im Raum-Zeit-Kontinuum berichtet. So kippte neulich ein betrunkener Radfahrer um und schlug mit dem Kopf in Belgien auf.

spräch geführt hat, wie er berichtete.

»Dann gibt es zur Stadthalle einen Vorschlag des Oberbürgermeisters, den ich allerdings auch nicht kenne.«
Ulrich Stadthalle

Eine Überraschung hatte Eckervogt im Gepäck. Drei

Dann müsste man die Stadthalle mal fragen. Sie ist ja schließlich mit Ulli verheiratet.

Zum Glück: beinahe nichts passiert.

Dieb mit langer Latte von Rollator gestoppt

70-Jährige stoppt den Flüchtigen mit ihrer Gehhilfe - 01.10.2014 10:54 Uhr

NEUMARKT - **Ein Neumarkter stahl zirkusreif eine Damenhandtasche. Sein Hilfsmittel: Eine lange Holzlatte.**

Am Dienstagmittag schaffte es ein 42-jähriger Mann in Neumarkt, mit einer langen Holzlatte eine Damenhandtasche zu stehlen. Er stocherte mit der Verlängerung durch ein

Und ein Holzbrett hatte er auch noch in der Hand.

Lokales > Riedenburg

29.08.2013 18:31 Uhr

Abgebrochener Ast fällt auf Sitzbank

Sandersdorf (bid) Ein von einer Akazie abgebrochener großer Ast ist in Sandersdorf am Föhrenring auf eine Sitzbank gefallen. Da das Ganze in der Nacht geschah, wurde niemand verletzt.

Wir vom DONAUKURIER und seinen Heimatzeitungen arbeiten für Sie täglich rund um die Uhr, damit Sie aktuell, umfassend und unabhängig über das lokale und überregionale Geschehen informiert sind. Journalistische Qualität hat ihren Wert - und somit ihren Preis. Digital wie gedruckt. Wir zählen auf Ihre Unterstützung.

Erschütternd!

Eine Frau und ihr Lieblings-Arbeitsgerät: Fleischer-Gesellin Patricia-Domiana K▇▇▇ mit der Knochensäge.

Manchmal nimmt sie sich sogar abends Arbeit mit nach Hause.

Tatort Lindenstraße: An dieser Koppel soll es am Dienstagabend in Reihen im Streit Messer gegen Mistgabel zur Eskalation gekommen sein. Zwei Männer trugen dort einen offenbar schon länger schwelenden Streit aus. Das Pferd hat vielleicht alles gesehen ... Foto:

Kann sein, kann aber auch nicht sein. Bislang wollte es sich dazu jedenfalls noch nicht äußern.

Thüringens Innenminister Jörg Geibert steht mit einer Broschüre
in seinen Händen vor einer offenen Tür, die in ein Treppenhaus führt. Er hat helle Haut,
trägt einen Schnauzbart, und er ist nicht der einzige Mensch im Raum.

Ältester Wahlhelfer freut sich auf Dienst an der Urne

Vor

Wenn Wahlen bevorstehen,

Dresdner. „Nach der Wende hatte ich aber das Gefühl, ich muss etwas für unser Land

14. Uhr, weiß er. „Dann herrscht erfahrungsgemäß richtig Andrang."

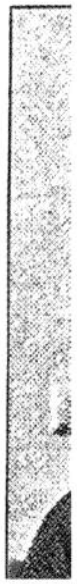

Aber noch ist es nicht so weit. Jetzt bleibt er erst mal Wahlhelfer.

besprüht war, blieb unklar. Den Gesamtschaden gab die Frau mit 200 Euro an.

WILDUNFALL

1 000 Euro Schaden nach Kollision mit einem Euro

POUCH/MZ - Ein 69-jähriger Pkw-Fahrer ist zwischen Löbnitz und Pouch mit einem Reh zusammengestoßen. Dabei entstand an dem Fahrzeug ein Schaden

Hoher Sachschaden bei Unfall im Zahlungsverkehr.

Mofafahrer verletzt, aber betrunken

Remshalden.
Am Montag um 17.35 Uhr hat sich auf der Mittelquerspange in Geradstetten ein Verkehrsunfall ereignet, bei dem ein 43-jähriger Fahrer eines Leichtmofas leicht verletzt wurde. Ein 35-jähriger Mann fuhr mit seinem Daimler-Chrysler von

Na, dann gehts ja. Etwas glimpflicher ging die Sache zum Glück für den Autofahrer aus. Er blieb zwar unverletzt, wird aber in knapp zwei Monaten auch schon 36.

Amador und Marcelas Rosen
Muss Ute noch machen, die war so blöd, gib mir ne Zeile

trautes Verhältnis. Doch dann stirbt Amador plötzlich.

Der Regisseur: Mit seinen subtil beobachteten Alltagsgeschichten bildet Fernando Léon

Wir entschuldigen uns für den Fehler. Richtig wäre gewesen:
»Hätte Ute noch machen müssen.«

> **Göttingen**
> ## Polizei findet Leiche auf Friedhof
> 16.06.2013
>
> Göttingen - Ein auf einem Friedhof in Göttingen entdeckter Toter gibt der Polizei Rätsel auf. Polizisten fanden die Leiche eines 70-jährigen Mannes aus Süddeutschland am Samstag in der Nähe eines Gebüschs.
>
> Zuvor hatte jemand die Tasche des Mannes auf dem weitläufigen Friedhofsgelände gefunden. Hinweise auf ein Verbrechen gibt es laut Polizei bislang nicht. Genauere Erkenntnisse zur Todesursache soll eine Obduktion in den nächsten Tagen liefern.
>
> http://www.kreiszeitung.de/lokales/niedersachsen/70-jaehriger-goettinger-friedhof-gefunden-2957957.html

Der Fall steht kurz vor der Aufklärung: In der Asservatenkammer sind die Beamten auf mehrere Kisten voller Beweismaterial gestoßen.

Selbstbewusst auf der Erfolgspur

Gelungener Auftakt der neuen Weiterbildungsplattform Frauen-Erfolgs-Manufaktur

HORN. Kompetenzen von Unternehmerinnen gezielt fördern – das ist das Ziel der Frauen-Erfolgs-Manufaktur, die zwei Bremer Unternehmerinnen im Mai gegründet haben. Die Auftaktveranstaltung unter dem Titel „Selbstbewusst erfolgreich" kürzlich in der Botanika verlief ganz nach den Vorstellungen der Gastgeberinnen und ihren Gästen: nämlich erfolgreich.

Gut 50 Frauen in Führungspositionen – unter ihnen auch ein Mann – wollten mehr über das Geheimnis des Erfolgs wissen und besuchten jüngst die erste Veranstaltung der Frauen-Erfolgs-Manufaktur. Die Gründerinnen Anke Dakey und Susanne Hennedakey ihren Gästen einen lehrreichen, amüsanten und auch (inter)aktiven Abend unter dem Titel „Selbstbewusst erfolgreich". Bei Sekt und kleinen Häppchen im Foyer der Botanika lernten sich die Besucher in ersten zarten Gesprächen kennen und tauschten sich über ihre beruflichen Hintergründe aus. Erster Erfolg für Dakey und Henneke, die mit ihrer Erfolgsmanufaktur das Netzwerken unter Frauen stärken möchten.

Bei der Begrüßung war den beiden Veranstalterinnen ihre Aufregung durchaus anzumerken, darunter mischte sich zugleich ihre Freude über den großen Zuspruch ihrer Pilotveranstaltung. Auf die Eingangsfrage „Was bedeutet für Sie Erfolg?" folgte ein reger Austausch unter den Sitznachbarn. So verschieden die Antworten auch formuliert waren, das Ergebnis war das gleiche: Erfolg ist was folgt, wenn man sich selbst folgt.

Doch für Erfolg braucht es auch Selbstbewusstsein. Die Referentin Annette Auch-Schwelk zeigte den Anwesenden anhand von mentalen und körperlichen Übungen nach dem „Ich bin ich"-Prinzip ihre persönlichen Kompetenzen und wie sie diese zu ihrem Vorteil einsetzen. „Selbstbewusstsein ist wie ein Muskel, der immer wieder trainiert werden muss", machte die gelernte Körpertherapeutin klar.

In äußerst kurzweiligen einhalb Stunden schaffte es die sympathische Schwäbin, am Ego der Frauen zu kratzen – natürlich im positiven Sinne – und sie zu bestärken. Sie hüpften, schüttelten sich und „kotzten" sich sp... lich aus, für den Fall Kollegen oder der wieder nervt.

Im Anschluss Initiatorinnen r positivem Fee schüttet. „Dies hat uns geze dem richtige hat uns best machen", Dakey.

Die nä staltung führen a Septem werde ke m der Kor Te M

Gut 50 Frauen in Führungspositionen.
Unter ihnen auch ein Mann (Beruf: Kammerdiener).

...chen Panzerfaust aus dem 2. Weltkrieg handelte – <u>Sprengstoff und Zündkapsel waren sogar noch vorhanden!</u>

„Der Bursch hatte das Richtige gewollt, aber das Falsche getan", sagt Ortwin Lamprecht von der Polizei. Denn ein derartiges Kriegsrelikt kann bei der kleins-...steckte und so mit dem Mo-ped zur Polizei fuhr. Dort untersuchten dann Sprengstoffexperten vom Entminungsdienst das Relikt und stellten fest: „<u>Es waren weder Zündkapsel noch Sprengstoff vorhanden.</u>" Der Bursche hat ein Riesenglück gehabt.

Um es noch mal zu erklären: Sprengstoff und Zündkapsel waren zwar noch vorhanden, existierten aber nicht.

IG Biss verteilt T-Shirts gegen Lärm

EMMERICH/REES (szf) Die Betuwe-Kritiker der IG Biss wollen mit knallroten T-Shirts ein Zeichen gegen Lärm setzen. Am internationalen „Tag gegen Lärm" am kommenden Mittwoch, 30. April, sollen möglichst viele Menschen die T-Shirts tragen, auf denen in großen weißen Lettern „Ruhe" steht. Außerdem organisiert die „Biss" zwei Mahnwachen trag gegeben, um die lärmgeplagten Bürger damit zu versorgen. Wer das „Ruhe"-Shirt am 30. April anzieht, zeige damit seine Solidarität im Kampf gegen Lärm.

Am deutlichsten tut er das natürlich, wenn es direkt bei einer der beiden Mahnwachen der IG Biss trägt. Jeweils von 18 bis 19 Uhr beziehen Lärmgegner Stellung in Emmerich im Bereich des Bahnüber- sagt der Biss-Vorsitzende Karl-Heinz Jansen. Er sei gespannt auf die Resonanz.

Die Ruhe-T-Shirts gibt es für IG-Biss-Mitglieder kostenlos. Alle anderen bekommen sie gegen eine Spende von sechs Euro. An zwei Anlaufstellen können die Hemden abgeholt werden: in Praest an der Sulenstraße 19 nach telefonischer Absprache unter 02822 980937, oder,

Blöd nur: Die Dinger passen kaum in die Ohren.

12. Juni 2014 17:08 Aktion für Verkehrssicherheit

Schon drei tote Radler

Von Montag an wird die Polizei wieder verstärkt Radfahrer, aber auch Autofahrer und Fußgänger im Straßenverkehr kontrollieren. (Foto:

Das nenn' ich mal 'ne erfolgreiche Aktion!
Wenn sie bis zum Ende 20 schaffen, ist für die Fußgänger schon viel getan.

Obdachloser lag zwei Jahre tot in seiner Wohnung

Da hätte ihn aber auch niemand vermutet…

Delikater Kopf

Zum Kotzen: Einsame Bergtour am Sylvensteinsee

KOTZEN (1766 m)

Anfahrt
Über Bad Tölz und Lenggries zum Sylvensteinstausee. Dort rechts nach Fall, wo sich am Eingang zum Dürrachtal beim Feuerwehrhaus ein ausgeschilderter Wanderparkplatz befindet (nicht zu verwechseln mit dem Nachtparkplatz wenige Meter zuvor).

gung, bis rechts der ausgeschilderte Wanderweg 239 (Lechkogel, Schafreiter, Tölzer Hütte) ke & Hike", fortan ist Konzentration gefragt: Eine recht unscheinbare, nur am Anfang dezen macht seinem Namen keine Ehre: Ein Gipfel für Genießer. Da ja die Rundtour (nordöstlich

Neue Serie: schlechte Ausflugstipps.

...aus Athen bis zum St. Nimmerleinstag bezahlt.

▶ **Unhold des Tages**

Adolf Hitler

Gut 70 Jahre nach dem Selbstmord des Nazi-Diktators wird sein Hassbuch „Mein Kampf" wieder im Buchladen zu kaufen sein. 2000 Seiten stark, umfassend von Wissenschaftlern kommentiert.

Die Rubrik »Unhold des Jahrhunderts« gibt's halt nicht.

Und danach gab es richtig Ärger vom Klassenlehrer.

Parteiversammlung der Rudolstädter Linken am Montagabend im Oberstübchen der Gaststätte "Brummochse" in Rudolstadt. Das Wort führen Götz K▇ (Mitte) und Hubert K▇ (Dritter von links). Foto:

Rudolstadt. Wenn nicht gerade wieder jemand gestorben ist, hat der Stadtverband Rudolstadt der Partei Die Linke 55 Mitglieder. Das ist viel. Davon träumen andere. Zur öffentlichen Parteiversammlung am Montagabend im Oberstübchen des "Brummochsen" sind acht von ihnen gekommen.

Eigentlich, sagt Stadtverbandschef Götz Kölbl , habe man gar keine richtige Tagesordnung,

> Dummerweise sterben sie ja ständig. Diese Verräter.
> Nur um den Stadtverband zu schwächen!

17.08.14 | Weilheim

Schaden 15 Euro

Packender "Kriminalfall": Polizei sucht Rübendiebe

Weilheim - Vier Rote Rüben im Wert von rund 15 Euro wurden von dem Gemüsefeld "Pollinger Feld" geklaut. Die Polizei sucht nach den Tätern.

Am Donnerstag war die Welt noch in Ordnung auf dem Gemüsefeld „Pollinger Feld", das idyllisch am Weilheimer Stadtrand liegt und an den Prälatenweg angrenzt. Das änderte sich am Freitag schlagartig, wie die Polizei Weilheim berichtet, denn an diesem Tag wurden vier Rote Rüben im Wert von rund 15 Euro entwendet. Die Poilzei ist nun auf der Suche nach den unbekannten Tätern, die unberechtigt in das Feld eindrangen, das umzäunt ist und von mehreren Pächtern genutzt wird.

Möglicherweise kann eine der Pächterinnen zur

In Weilheim ist nichts mehr, wie es war, seit die vier Rüben verschwanden. Ein Nachbar vermutet, der Täter hat sich mit der Beute nach Brasilien abgesetzt.

Tragischer Tauchunfall bei Kamenz

Kamenz. Ein alter Mann ist in Kamenz beim Tauchen ums Leben gekommen. Der Mann sei am Samstag mit zwei Sportfreunden im Steinbruch „Sparmann" getaucht, teilte die Polizeidirektion Görlitz am Sonntag mit. Nach dem dritten Tauchgang sei der 42-Jährige nicht wieder an die Oberfläche gekommen. Nach mehrstündiger Suche konnte er nur noch tot geborgen werden. Wie es zu dem Unfall kam und was die genaue Todesursache war, wird noch untersucht. *pm/kr*

Eine greise alte Dame hatte den Mann aus dem Wasser gezogen. Doch die Wiederbelebungsversuche der 51-Jährigen blieben erfolglos.

Böger geschützt

★ Coach **Stefan Böger** (48) trug gestern beim Training ein Basecap, schützte sich so vor der Sonne.

Lesen Sie im Innenteil der Zeitung:
Warum Böger beim Training auch eine Hose trug.

...nachmittag bis Sonntagmittag brachen hinweise unter der Rufnummer 275-0.

Autos im Kreuzviertel zerkratzt

MÜNSTER. Zwei Autos beschädigten Unbekannte in der Nacht von Samstag auf Sonntag im Kreuzviertel. Die Täter zerkratzten einen BMW auf der Nordstraße und einen VW auf der Heerdestraße. Die Unbekannten ritzten in die Autos jeweils einen Kratzer über die gesamte Beifahrerseite, berichtet die Polizei. Beobachtungen nimmt sie unter Telefon 275-0 entgegen.

Die paar Kratzerchen. Einmal drüberpolieren, fertig.

Alk-Katholiken feiern Gemeindefest

Bei herrlichstem Frühlingswetter fand am Christi-Himmelfahrts-Tag das Gemeindefest der alt-katholischen Gemeinde Kaufbeuren statt. Am Beginn rer Armin Strenzl in seiner Predigt. Am Ende des Gottesdienstes zog die gesamte Gemeinde aus der Kirche aus, um die Flur, auf dem die alt-katholische Kirche,

Gemeindefest der anonymen Katholiken:
Das Schlimmste ist am nächsten Morgen die Auferstehung.

> eine Polizeisprecherin. Die Identität der Toten sei noch nicht geklärt. Bei dem 34 Jahre alte Fahrer des Sportwagens soll es sich nach bisherigen Informationen um einen 43-jährigen italienischen Staatsangehörigen mit Wohnsitz in Pulheim han-

Und was in der Meldung nicht drinsteht:
Bei dem italienischen Sportwagen handelt es sich
um einen französischen Kombi.

~~Selbstmord~~ in Wien

Wien – In Wien dürfte am Dienstag ein Pensionist (66) zuerst sich, dann seine 56-jährige Ehefrau erschossen haben. Darauf lasse die Auffindungssituation der Leichen, die von einem Verwandten gefunden wurden, schließen, so die Polizei. Zuvor habe das Paar noch einen Abschiedsbrief verfasst, sowohl der Mann als auch die Frau sollen diesen unterschrieben haben. Das Motiv für die Tat ist unbekannt. Vermutlich dürfte der 66-Jährige an Depressionen gelitten haben. Der Revolver, mit dem der Mann die Tat begangen haben dürfte, war legal in dessen Besitz. *(APA)*

Anschließend riefen beide die Polizei.

Zahnarzt kann bei Kinderwunsch helfen

Entzündungen im Zahnbereich beeinflussen die weibliche Fruchtbarkeit ebenso stark und negativ wie Fettleibigkeit. Das hat eine australische Untersuchung mit 3400 Schwangeren ergeben, wie die frau-

Den verstellbaren Behandlungsstuhl hat er sich extra dafür angeschafft.

Für den bayerischen Festspaß scheißen sich die Everswinkeler Damen gerne in Schale, und so gab's fast an jedem Tisch auch eine kleine „Modenschau".

Vor dem Foto waren sie so aufgeregt, sie hätten sich fast in die Hose geschmissen.

Das gelbe Auto wirkt auf dem Bild aber auch
viel bedrohlicher als in Wirklichkeit.

Tomek findet Pilz in Baumhöhle

von

Pilz im Baum

WESTERSTEDE - In der Baumhöhle einer großen Kastanie, die auf dem hinteren Parkplatz bei „Pfiffikus" an der Kuhlenstraße steht, hat der Westersteder Schüler Tomek (12) einen weißen Pilz entdeckt und mit dem Handy fotografiert. Wie sich der Pilz, der Ähnlichkeit mit einem Täubling hat, in 1,70 m Höhe ansiedeln konnte, ist unklar. Befragte Pilzexperten bezeichneten dies aber nicht als sehr außergewöhnlich.

Wir hätten da vielleicht noch was: Die kleine Tina hat an dem Bach im Stadtpark einen Stein gefunden.

Rettungsaktion läuft an

RIESENDING Verunglückter Höhlenforscher wird geboren

ESGADEN (dpa). Für
tzten Höhlenforscher

schlag ein Schädel-Hirn-Trauma
erlitten und ist seitdem in der
Höhle in 1000 Metern Tiefe bei

Herzlichen Glückwunsch!
Dann ist ja jetzt immerhin klar, wo er gesteckt hat.

Ältere trafen sich in Gräbern

Die Senioren von Gräbern/ Prebl schnapsten um den Osterhasen.

Zum gemeinsamen Nachmittag lud vor Kurzem der Seniorenverein Gräbern/ Prebl im Gasthaus Deixelberger in Gräbern.

Süße Preise warten
Über 20 Teilnehmer schnapsten um die ersten drei Plätze, bei denen es Osterhasen aus echter Schweizer Schokolade zu gewinnen gab. Der glückliche Gewinner war Johann Stückler, der sich nun die Schokolade schmecken lassen kann. Den zweiten Platz erkämpfte sich

Michaela R▮▮▮▮▮, Franz S▮▮▮▮▮, Josef B▮▮, Aloisa T▮▮▮

Am kommenden Dienstag wollen die Senioren sich in Gruften treffen.
Die Woche darauf planen sie einen bunten Nachmittag in Särgen.
Bei beiden Terminen wird selbstverständlich auch geschnapst.

Gegen Baum

AURICH - Ein Unbekannter ist mit seinem Auto am Dienstag an der Jann-Berghaus-Straße gegen einen Baum gefahren. Ein Anwohner hatte gegen 12 Uhr einen Knall. Als er später das Haus verließ, sah er, dass die Birke vor seinem Haus beschädigt war. Die Auricher Polizei bittet um Hinweise.

Wobei ein Nachbar weiter steif und fest behauptet, dass der Mann den Knall schon immer hatte.

Neulich haben sie ihre Leser gefragt,
wer Deutscher Meister wird. Über die Hälfte meinte:
Aber sicher. Die anderen waren klar dagegen.

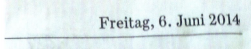

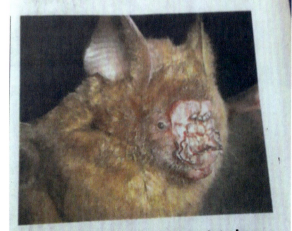

Die Blattnasenfledermaus ist eher hässlich. Foto: Vu Dinh Thong, Hanoi./dpa

WWF-Bericht

Das ist wahrscheinlich eher untertrieben.

Neues Heim für singende Affen - Hartberg - meinbezirk.at

Die Siamang-Affen in der Tierwelt Herberstein haben ab sofort prominente...

MEINBEZIRK AT | VON REGIONALMEDIEN AUSTRIA

Und das Beste ist: Zwei von ihnen spielen sogar Alphorn!

Für Regierung mit der CDU

Die TLZ-Leser sind für eine Regierung unter CDU-Führung. Das ergab die TED-Umfrage. Dabei wünschen sich die meisten eine Beteiligung von SPD und Grünen. Für ein linkes Bündnis sind gut 40 Prozent. Hier das TED-Ergebnis:

CDU/SPD: 24,3 %
LINKE/SPD/GRÜNE: 41,2 %
CDU/SPD/GRÜNE: 34,5 %

Ein linkes Bündnis lehnen die TLZ-Leser dagegen entschieden ab, wie die Umfrage zweideutig belegt.

Trotz Dachschaden: Schulkinder boten beste Unterhaltung

Gar nicht aufgeregt: Emelie, Lina, Lara und Carolin (v.l.) führen mit ihren Handpuppen durch den Abend.

SCHUBY Mit vielen Sketchen, Gedichten, Tänzen und Liedern brachten die rund 140 Schülerinnen und Schüler der Grundschule Schuby beim bunten Abend das Publikum zum Schmunzeln und Lachen. Die Kinder ließen sich auch nicht von dem undichten Auladach aus dem Konzept bringen. Lehrer und Schüler trugen das Malheur mit Humor und stellten einfach Eimer unter die undichten Stellen, um die dicken Tropfen aufzufangen. Es war ein Abend mit besonderer Atmosphäre.

Nach den Begrüßungsworten von Schulleiterin Sybille Johnsen führten Emelie, Li- ausfallen. Gerade wegen dieser Vorgeschichte war es Sybille Johnsen und dem Leh- de vor Publikum stärkt das Selbstvertrauen der Schüler", sagte die Schulleiterin. Das

Hat ja auch keiner behauptet, dass so ein »Dachschaden« langweilig sein muss.

Dunkelhäutige wollten schwarz über die Grenze

Da waren auch noch zwei Hellhäutige dabei. Aber die hatten wohl eine weiße Weste.

Immer noch besser als letztes Jahr. Da haben sie sich mit Hühnereiern fotografieren lassen, und über dem Bild stand: Vogelgrippe in zwölf Betrieben.

Iranische Übersetzung eines berühmten bukowskischen Liebesgedichts (Auszug).

V: Das aktuelle Journal

Der Autor, ein berühmter bukowskischer Poet, schreibt von diesen wunderschönen Gedichten bis zu tausend in einer Stunde.

LEICHTATHLETIK

Füller, falls das mit Jäckel nicht klappt

Würzburg – Beim iWelt-Marathon in Würzburg waren es die Halbmarathonläufer die für die Top-Leistungen sorgten. Beim Marathon stand die Bayerischen Meisterschaft im Mittelpunkt. Erfreulich war das nur der Äthiopischen Sieger Mulu Deressa mit 2:29:04 Stunden und seine Landsfrau Adanech Mamo mit 2:54:05 Stunden schneller waren als die schnellsten Vertreter aus Bayern. Hier wurde der Oberfranke Markus Meißgeier von der LG Hof seiner Favoritenrolle gerecht und sicherte sich mit 2:31:33 Stunden den Titel.

Um die nächsten Plätze wurde es enger. Sebastian Jost und Dominik Mages vom LAC Quelle  beiden Fürther auch den mannschaftstitel. Bei den Frauen galt Christine Ramsauer vom LAC Quelle Fürth als Mitfavoritin, ließ sich davon aber nicht sehr unter Druck setzen. „Um einen Mitläufer zu haben, bin ich etwas zu schnell angelaufen," erklärte die 45-jährige, fünffache Mutter völlig erschöpft im Ziel. Mit 2:59:21 Stunden blieb sie nur eine Minute über ihrer Bestzeit. Silber ging an die junge Sandra Haderlein von der SC Kemmern mit persönlicher Bestzeit von 3:02:26 Stunden.

Im Halbmarathon zeigte sich Manuel Stöckert in guter Form. Der Polizist war in einer Gruppe mit Läufern aus Ostafrika unter-

HERZSPORT

Dem Sau

Herzogenaurach – Be gesund – auch und Menschen, die ein farkt oder eine Bypa hinter sich haben. D sich regelmäßig jede von 18.50 bis 20 Uhr pe mit derartigen S bei der Turnerschaft aurach, um gemein fachmännischer Anl ihre Belastungsfähigl siert und abwech Sport zu treiben.

Man sieht: Das mit Jäckel hat nicht geklappt. Aber der Schlussredakteur hat eine nette Notiz hinterlassen.

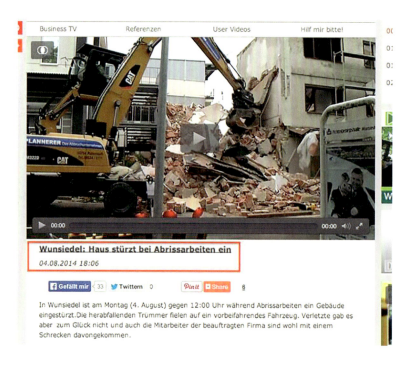

Damit konnte nun wirklich keiner rechnen.

So ähnlich hat man sich die Grundausbildung ja eigentlich auch immer vorgestellt. Fehlt im Grunde nur das Bier.

Die bekanntesten Getreidearten in Deutschland:
Weizen, Roggen, Gerste und natürlich Weißkohl.

Ist schon irre, was so alles an abgefahrenem Zeugs vom Lastwagen fällt.

Nächste Woche dann in der Zeitung: Literatur vor dem Aus –
Lesung mit Cordula Stratmann wird nachgeholt.

Tränen wurden gelacht

■ Kunterbunte Kostüme und lachende Gesichter bestimmten das Bild. Das Publikum genoss das Spektakel sichtlich.

Und Schenkel wurden geklopft. Später am Abend ist die Stimmung dann leider gekippt.

Vielleicht hätten sie in ihrer ersten Saison doch etwas härter trainieren müssen.
Dann wären sie vielleicht auch nicht gleich wieder abgestiegen.

Region > Wesermarsch > Gemeinden > Nordenham

VERHANDLUNG

Angefahrenen Mann für einen Döner gehalten

Ein Taxifahrer hat in Nordenham einen 20-Jährigen angefahren – und will nichts gemerkt haben. Er s‹ einen Döner an die Windschutzscheibe geworfen hat, sagte der Angeklagte. Die Richterin glaubte ihm

von

NORDENHAM - Es ist 3 Uhr nachts. Ein betrunkener Mann geht die Bahnhofstraße entlang. Er kommt von einer Feier mit seiner Fußballmannschaft. Im selben Moment ist ein Taxifahrer auf der Bahnhofstraße unterwegs. In Höhe der Alten Post kommt es zum Unfall. Der Fußgänger wird angefahren, durch die Luft geschleudert, bleibt schwer verletzt am Fahrbahnrand liegen. Der Taxifahrer fährt weiter.

Zu dem Unfall kam es am 22. Dezember vergangenen Jahres. Er habe nicht gemerkt, dass er

Dann scheint ja nicht viel von ihm übrig geblieben zu sein.

Slackline-Rekord über Donau gelingt doch noch - Leiche gefunden

Der Letzte, der es versucht hatte, war nach einem Viertel der Strecke vom Seil gefallen. Der hier schaffte es immerhin bis zur Hälfte.

Zugelaufene Tiere dürfen Finder nicht behalten

Und was viele sicher auch überraschen wird:
Die Tiere haben nicht mal ein Anrecht auf das Haus.

Mit zwei Promille
Betrunkener in Unterhose regelt Verkehr

HAGEN Ein 22-Jähriger hat in Hagen für einen kuriosen Polizeieinsatz gesorgt. Er trank zu viel und wollte anschließend den Verkehr regeln. **Mit nur einer Unterhose bekleidet.** Als die Polizeibeamten ihn vom Randalieren abhalten wollten, wurde er angriffslustig. mehr...

Normalerweise trägt er drei Unterhosen.

Auto aufgebrochen

OCHSENFURT (kri) Am helllichten Tag wurde am Dienstagvormittag in der Brunnenstraße ein Auto aufgebrochen. Dem Dieb genügten 20 Minuten, um die Seitenscheibe eines schwarzen Renault einzuschlagen und einen Rucksack mit Inhalt im Wert von 500 Euro zu entwenden.

Das war wohl ein Blitz-Überfall. Die schlagen dir mit 'nem Hammer gegen die Scheibe. Keine tausend Mal. Und schon ist die Kohle futsch.

Hochrangige Delegation
Nordkoreaner reisen für Gespräche nach Nordkorea

Samstag, 04.10.2014, 10:35

Eine hochrangige Vertretung Nordkoreas ist im Zuge der Asienspiele nach Südkorea gereist. Die ehemalige

Die Delegation reiste von Nordkorea nach Nordkorea,
um in Nordkorea mit Nordkoreanern über Nordkorea zu sprechen.

Das Feuer hat offenbar nicht auf benachbarte Gebäude übergegriffen. "Die Feuerwehr hat hier sehr gut gearbeitet. Großes Lob an die Feuerwehr", sagte der Hauseigentümer.

Die Polizei hatte indes hin und wieder Probleme, Schaulustige zurückzuhalten. "Jeder wollte mit seinem Handy fotografieren oder filmen. Das war schon heftig", sagte ein Beamter.

Ein Video zum Brand auf dem Marktplatz in Rheine finden Sie auf herein.tv.

Heftig, diese Schaulustigen. Aber sehen Sie selbst in unserem Video-Portal.

In Aalen hat 25-jährige Opel-Fahrerin geparkten Mercedes-Sprinter für 800 € gerammt

Aalen. Von einem Grundstück kommend fuhr die 25-jährige Fahre-rin eines Pkw Opel Astra am Montagmittag gegen 13.20 Uhr auf die Zeppelinstraße ein. Hierbei beschädigte sie einen Mercedes Sprin-ter, der am gegenüber liegenden Fahrbahnrand abgestellt war. Die junge Frau verursachte einen Gesamtschaden von ca. 800 Euro.

Ich hätt's ja schon für 500 Euro gemacht.

Die Polizei, Ihr Freund und Helfer.

Eine proktologische Sensation.
Und das Witzige ist: Eigentlich wollten sie nur Angeln gehen.

Start > Leipzig > Nackter Leipziger tanzt auf Straßenkreuzung ...

LEIPZIG

Nackter Leipziger tanzt auf Straßenkreuzung in Plagwitz – Polizei alarmiert Notarzt

mpu

Foto: dpa

Auch ohne Kleidung im öffentlichen Raum unterwegs: Nacktschnecken.

Leipzig. Ein nackter Mann hat am Mittwoch im Stadtteil Plagwitz für Aufsehen gesorgt. Wie die Polizei mitteilte, radelte der 49-Jährige gegen 11.30 Uhr ohne Kleidungsstücke auf der Zschocherschen Straße in Richtung der Kreuzung am Adler. An der Straßenbahnhaltestelle unweit des Knotenpunkts stellte er sich mitten auf die Straße und behinderte so den Verkehr. Als die herbeigerufene Polizei eintraf, „breitete er seine Arme aus, um sie so in Empfang zu nehmen", heißt es im Bericht der Beamten.

Hätte man ja vielleicht auch 'nen Hund abbilden können. Also 'nen Mischling. Wegen der Kreuzung.

Münsteraner sind Radel-Meister

MÜNSTER. 39 Prozent aller von Münsteranern gefahrenen Kilometer werden mit dem Auto zurückgelegt. Ein Spitzenwert in Deutschland. Zum Vergleich: 29 Prozent der Fahrten werden mit dem Auto zurückgelegt. 1982 war das Verhältnis noch genau anders herum. | 5. Lokalseite

Und was in der Pressemeldung gar nicht drinsteht:
Die übrigen 32 Prozent werden mit dem Auto zurückgelegt.

Einen Anblick wie diesen, aufgenommen in der Umgebung von Metelen, soll es demnächst nicht nur beim Wandern oder Radfahren geben. Die Touristinformation arbeitet zurzeit daran, das Reiten in das touristische Pauschalangebot aufzunehmen.

Pferdetourismus in Planung

Antje Schmies will Urlaubsangebot auf der Leverkusener Landesgartenschau präsentieren

METELEN • „Wir haben bislang mehr Buchungen als im Vorjahr um diese Zeit", sagt Antje Schmies von der Touristinformation in einer ersten Zwischenbilanz vor Ostern. Diese Veranstaltung wird Antje Schmies im Oktober erneut besuchen, auf den dritten jährlichen Termin des Hammer Bauernmarktes

nigen Tagen ihre Pforten. „Wenn die LaGA einen Bereich für Tourismus-Werbung anbietet, plane ich in Leverkusen zwei Wochenenden für

Form von Tourismus mit Pferden schon gibt", sagt die Frau von der Metelener Touristinformation. Für den 28. April

Die Gemeinde Metelen will jetzt erst mal Erfahrung mit den neuen Pferden sammeln.

Das Ordnungsamt baut gerade ein Trainingslager am Hindukusch auf.

Dem Zollamt in Münster ist ein Schlag gegen badende Kinder gelungen.

Auf dem Siegerpodest in Herdecke war es saueng, aber das Foto kam irgendwie trotzdem zustande.

für Lennart Staggenborg
aren bei der Regatta in Herdecke besonders erfolgreich

Die starken WSV-Paddlerinnen (o.v.l.): Nele Altmeppen, Ines Kauling sowie (u.v.l.) Caroline Holtkamp und Katharina Habenicht.

Ewiges Leben für die anderen zwei Drittel.
Langsam wird's etwas eng auf der Erde!

Bossendorf im Eis erstarrt

BOSSENDORF. Am Kanal in Bossendorf war es gestern zu kalt zum Kicken. Daher wurde das Testspiel der Garschagen-Fußballer gegen die Sportfreunde gestern im Laufe des Tages abgesagt.

Testspiel
SV Bossendorf - SF Merfeld
Ausgefallen

In der Tat sind zweistellige Minusgrade ein guter Grund ein Testspiel abzusagen. Joggen am Kanal tagsüber kann man machen, denn da sind die Minusgrade nur einstellig. Man könnte auch zum Telefon greifen und die Zeitung, die man braucht, um so ein Spiel anzukündigen, informieren, dass nicht gespielt wird. Dann stünde hier ein vernünftiger Artikel mit mehr Informationen als nur die Tatsache, dass es in Bossendorf zu kalt war, um Fußball zu spielen. So müssen Sie, verehrter Leser, nun noch einige Zeilen wahrer Wortgewalt über sich ergehen lassen, um am Ende festzustellen, dass Sie dann genau schlau sind wie vorher. Der Autor sitzt am Schreibtisch seines Arbeitszimmers und kann auf keine Ersatzartikel zugreifen. Daher streut der Autor nun noch mal kurz ein, dass das Testspiel des SV Bossendorf gegen Merfeld wegen Kälte abgesagt worden ist. Es waren am Kanal zweistellige Minusgrade, die auch die Telefonleitungen haben einfrieren lassen. weih

Wie man über ein ausgefallenes Fußballspiel schreibt.

Profi-Innenverteidiger Markus Brzenska (Mitte) wurde gestern Abend selten ernsthaft geprüft. Foto

Nachgefragt bei...Theo Schneider

Der BVB hat II hat ein Traumjahr mit Platz 4 gekrönt. Wann verlängern Sie Ihren auslaufenden Vertrag?
Schneider: Das weiß ich nicht.

Gibt es einen Verhandlunsgtermin mit der Klubführung?
Schneider: Nein.

Finden Sie das nicht kurios?
Schneider: Auch das weiß ich nicht.

»Dem musst du nur eine Frage stellen,
dann hört der gar nicht mehr auf zu reden.«

Eigentlich ja ziemlich gute Nachrichten:
Nicht alle Leute, die an EHEC sterben, müssen sich wirklich Sorgen machen.

General-Anzeiger

Bei Stress: Hände weg vom Steuer

(mid). Gestresst, genervt, abgelenkt - in diesem Fall heißt es für alle Autofahrer: Hände weg vom Steuer. Gerade vor einer längeren Urlaubsfahrt sollten Autofahrer entspannt sein und ner guten Reisevorbereitung gehört es, wichtige Papiere, wie Pass, Personalausweis und Führerschein bereitzuhalten. Bei Reisen ins Ausland muss zudem an die Versicherungsunterlagen

»Seitdem ich freihändig fahre, bin ich viel entspannter.«

Neulich erst war er einem Angriff von Weinbergschnecken ausgesetzt.
Und das ging stundenlang so.

Täuschen wir uns, oder klingt da Bedauern mit?

Polizeibericht

Wildunfall zwischen Neundorf und B 6n

Neundorf (fro) • Mit einem Reh kollidierte ein Auto Freitagabend, gegen 21 Uhr, auf der Chaussee zwischen Neundorf und B 6n. ==Nach Angaben des Fahrzeugführers hätte das Reh die Fahrbahn überquert, ohne auf den fließenden Verkehr zu achten==, so die Polizei. Trotz umsichtiger Fahrweise

Die Polizei denkt jetzt darüber nach, Wildtiere zu regelmäßigen Verkehrsschulungen einzuladen.

Seit 100 Jahren eine Fahne

Schützenverein Staffhorst-Harbergen-Dienstborstel feiert 125-jähriges Bestehen

STAFFHORST • Der Schützenverein Staffhorst-Harbergen-Dienstborstel blickt auf eine 125-jährige wechselvolle Geschichte zurück. Viele Einzelheiten sind in der Chronik dokumentiert, andere wurden mündlich überliefert und von einer der Ortsnamen auf der Vereinsfahne einigen konnten. Dennoch trägt eine Fahne aus dem Jubiläumsjahr 1914 den noch heute gültigen Namen. Den ersten gemeinsamen Vorstand wählte der Schützenverein Staffhorst-Harbergen-Dienstborstel am 25. Januar der die Königskette.

1974 wurde der erste Jugendkönig gekürt. Die Jugendarbeit hat seit Anfang der 1990-er Jahre einen hohen Stellenwert, über viele Jahre fand unter der Leitung von Schießwart Reinhard Bockhop jährlich eine Zeltfreizeit statt. Auch standsverantwortung als stellvertretende Vorsitzende. 1987 stand mit Ellen Lischow (heute Zirotzki) erstmals eine Königin an der Spitze des Schützenreichs.

1982 schloss sich der Verein dem Schützenverband „Linkes Weserufer" an. 1984 erfolgte der Austritt

Zu Beginn der Schützenfest-Saison mal eine ehrliche Überschrift zu diesem Brauchtum.

Nach Ansicht von Tierschützern muss man Gänse heute ja ganz anders halten – also mindestens mit beiden Händen.

Mit Vollfederung über Stock und Stein

Rolf Seigis arbeitet als Fahrradkurier

MÜNSTER. Fahrradkurier Rolf Seigis ist Fahrradkurier. Tempo sei bei diesem Job aber nicht das Wichtigste, betont er. „Es geht nicht darum, wie ein Bekloppter zu rasen, dem Kunden ist es wichtiger, dass die Ware heil ankommt", sagt Seigis.

Mit seinen dicken Profilreifen, der Vollfederung und einem Lenker, der einem Armaturenbrett gleicht, fällt Seigis' schwarzes Fahrrad

Interessantes Thema. Ich habe jetzt nur nicht ganz mitbekommen, was Rolf Seigis eigentlich so beruflich macht.

Junger Mann fällt fast vom Rad

MÜNSTER. Als ein 23 Jahre alter Münsteraner am frühen Donnerstagmorgen mit seinem Fahrrad an einer roten Ampel an der Überwasserstraße stoppte, wäre er beinahe vom Rad gefallen. Polizisten beobachten den Vorfall und kontrollierten den jungen Mann. Sie rochen deutlich Alkohol in der Atemluft des Radfahrers. Der Test zeigte einen Wert von 1,6 Promille und eine Blutprobe wurde entnommen, heißt es in der Pressemitteilung der münsterischen Polizei.

Als ich das las, wäre mir fast das Brötchen aus dem Mund gefallen.

is trollen worden. Das Ganze
a) passierte sehr tief unter der
Erde – etwa 1000 Meter!
Nun versuchen Retter, den
Mann da herauszuholen. Sie
schleppen ihn Stück für
Stück nach oben. Doch die
Höhle ist an vielen Stellen
sehr eng. Oft führen die Gänge gerade hoch und die

Sie konnten sogar beide Arme retten.
Den einen allerdings erst zwei Tage später.
Den haben sie ihm dann zugeschickt.

n voll besetzten Regionalzug weiter viele Fragen auf. Auslöar die Routine-Kontrolle zweiginsassen durch zwei Bundesten. Diese eskalierte, am gab es einen Toten und drei verletzte. Der Kemptener ahnhof blieb bis Freitag komplett gesperrt, der Zugr kam zum Erliegen. Am of und auf freier Strecke wad 200 reguläre Beamte und räfte im Einsatz.

steht inzwischen: Einer der verletzten Bundespolizisten ffenbar nur dank seiner este mit dem Leben davon. -Jährige erlitt einen Beinhuss, eine weitere Kugel traf rkörper des Beamten. „Er ch einige Tage in der Klinik sein Zustand ist aber nicht

war nach dem Schusswechsel bei Tempo 80 bis 100 aus dem Zug gesprungen. Wie es gelang, die automatische Türsperre zu überwinden, gehört zu den vielen Fragen in diesem Fall.

==Der 20-jährige Russe wurde nach seinem Sprung von den Waggons erfasst und sofort getötet. Die Obduktion des zur Fahndung ausgeschriebenen Mannes hat am Wochenende ergeben, dass er aus dem Kreis Fürstenfeldbruck stammt.== Er sollte wegen räuberischen Diebstahls eine Haftstrafe von zwei Jahren und fünf Monaten verbüßen.

Auch der zweite mutmaßliche Täter, ein 44-jähriger Deutscher mit kasachischen Wurzeln, verließ den Zug bei voller Fahrt, noch ehe es zum durch die Türöffnung automatisch eingeleiteten Nothalt nahe

Dabei hande Erkenntnisse schusspistole auf Anhieb a

Außerdem stellte sich in der Obduktion heraus,
dass er verheiratet war und fließend Spanisch sprach.

Unfall: Zwei Frauen fallen vom Stuhl

Zwei Mitarbeiterinnen aus dem Team von Annette Görtz wurden am Samstag bei der Show des Avantgarde-Labels in der alten Schraubenfabrik an der Suitbertusstraße in Bilk unfreiwillig vom Stuhl gerissen. Aus bisher unbekannter Ursache kippten sie plötzlich mit ihren Sitzen aus der obersten Reihe nach hinten über. „Es gab einen Rums. Der Schreck war groß. Aber Gott sei Dank ist nicht viel passiert", erklärt Benjamin Kuchenbäcker, Geschäftsführer vom Veranstalter Collectiv K. Vorsichtshalber wurden beide zur Untersuchung ins Krankenhaus gebracht. „Es musste aber noch nicht mal was genäht werden." Auch PR-Managerin Melanie Willich war die Erleichterung anzumerken: „Die beiden kamen mit einem Schreck davon. Bei der After-Show-Party waren sie wieder dabei." Kuchenbäcker: „Was der Grund für den Zwischenfall war, wissen wir nicht. Wir gehen von einem technischen Defekt aus." *huf*

Zwei Frauen fielen vom Stuhl. Die anderen waren unbemerkt eingeschlafen..

> und Niedersteinbach rückten mit sieben Fahrzeugen an, die allerdings nur schwer an die Weinberghütte gelangten und nicht verhindern konnten, dass die Hütte ein Raub der Flammen wurde. Gut zwei Stunden später war das Feuer gelöscht. *JhR*
>
> ## Hundeverein feiert Schlachtfest
>
> **ALZENAU.** Sein 32. Schlachtfest veranstaltet der Verein für Gebrauchs- und Sporthunde (VGSH) Alzenau am Samstag, 11. Januar. Ab 11 Uhr gibt es in der beheizten Halle des Übungsgeländes am Rupprich frisches Kessel-

Und zur Feier des Tages gibt's Hot Dogs für alle.

BLAULICHT

150 Liter Glühwein gestohlen

MAINZ (mer). Kaum haben die Weihnachtsmärkte in der Innenstadt eröffnet, verzeichnet die Polizei schon die ersten Delikte. In der Nacht zum Donnerstag, in der Zeit zwischen 22.30 Uhr und 11.15 Uhr, haben ein oder mehrere unbekannte Täter die rückwärtige Tür eines Glühwein-Verkaufsstandes auf dem Bahnhofplatz aufgebrochen und circa 150 Liter Glühwein gestohlen. Die Polizei sucht Zeugen, die den Einbruch oder den Abtransport des Getränkes gesehen haben. Hinweise an die Kriminalpolizei Mainz: 06131/653633.

AUF EINEN BLICK

Glühwein für „Leser helfen"

MAINZ (red). Auch in diesem Jahr ist die Allgemeine Zeitung wieder auf dem Mainzer Weihnachtsmarkt präsent – unter anderem mit dem Promi-Glühweinausschank zugunsten der AZ-Spendenaktion „Leser helfen".

Los geht es am Sonntag, 30. November: An der „größten Glühweintasse der Welt" von Karl Spinnler, die vor der Bühne am Liebfrauenplatz steht, schenken Oberbürgermeister

Die Zeitung geht aus ihrer Aktion jedes Jahr mit großem Gewinn heraus.

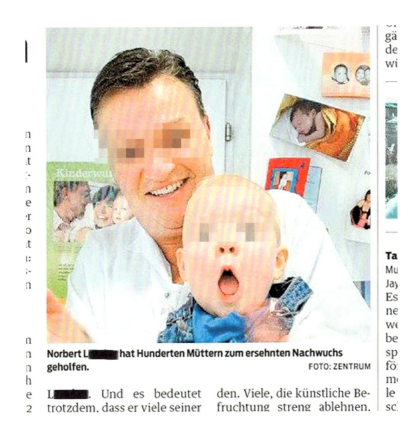

Norbert L███ hat Hunderten Müttern zum ersehnten Nachwuchs geholfen.
FOTO: ZENTRUM

Und nebenbei ist er auch noch Gynäkologe.

und Geräte, mit denen Jahrmarktbonbons gemacht wurden. Michael Wundsam, Schausteller und leidenschaftlicher Sammler, ist am Donnerstag, 34. September, von 16 bis 187 Uhr vor Ort und erklärt die Exponate beziehungsweise erzählt aus dem Jahrmaktsleben. Es lohnt sich! Die Ausstellung dauert nich bis 8. September.

34. September? Bis 187 Uhr? Mit anderen Worten: Er hat abgesagt.

St. Wendel: Exhibitionist mit Pferdeschwanz gefasst

(2012-01-18 13:03:00)

St. Wendel. Ein zeigefreudiger Mann ist der St..Wendeler Polizei ins Netz gegangen. Der 41-Jährige hatte in der Nähe der Bosenberg-Klinik eine Spaziergängerin belästigt. Zuvor war er bereits mehrmals in ähnlicher Form in Erscheinung getreten.

Ein zeigefreudiger Mann ist der St..Wendeler Polizei an der Bosenberg-Klinik ins Netz gegangen. Foto: archiv

St. Wendel. Diese Erfolgsmeldung seiner Ermittlerkollegen verkündet Polizeihauptkommissar Dietmar B███. Demnach schnappten die Beamten einen St.Wendeler, der nahe der Bosenberg-Klinik auf einem Rundweg vor einer Spaziergängerin an seinem besten Stück herumgespielt hat. Die Patientin informierte laut Polizeibericht nach dem Vorfall vom 29..Dezember zuerst eine Krankenschwester in dem Kurhaus.

In der Polizeimeldung fehlt allerdings der Hinweis, dass der Mann eine Glatze hatte.

> **Dieter Hupe zu „Kampfhunden"**
>
> # Hunde von den Menschen zu diesen gemacht

»Kann man das nicht noch irgendwie anders formulieren?«
»Klar, wir wär's mit: Zum Hund macht der Mensch den Hund?«

25.11.2014 · BUCHLOE

Elfmeterpunkt in Buchloe gestohlen

Zeugenaufruf · In der Nacht von Samstag auf Sonntag wurde auf dem Fußballplatz des SC Lindenberg der Elfmeterpunkt gestohlen.

Verantwortliche stellten am Sonntagmittag fest, dass auf dem Spielfeld anstatt des Elfmeterpunktes ein Loch war. Ein Unbekannter hatte den Elfmeterpunkt ausgegraben und dadurch Schaden verursacht. Wer den Elfmeterpunkt seitdem gesehen hat, sollte sich bei der Polizeiinspektion Buchloe, Tel. 08241/9690-0, melden.

Polizei

Dazu muss man vielleicht wissen: Im Internet floriert der Handel mit Elfmeterpunkten schon seit Jahren.

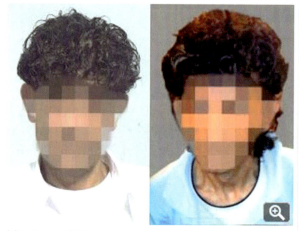

Mit diesen Bildern fahndete das Bundeskriminalamt europaweit nach dem flüchtigen Cemil G.
Foto: BKA/Polizei

Zeugen wollen den Mann in einem
C64-Computerspiel erkannt haben.

Dank

… an die Fans der Facebook-Seite »Perlen des Lokaljournalismus«, die die »Perlen« für dieses Buch eingesandt haben.

Alexander Gurdon, Alice Büsch, Andreas Hier, Andreas Kapitza, Anne Möllmann, Antonia Dautermann, Bastian Snurb, Benjamin Schaller, Bernhard Schwitalla, Bettina Bachmann, Birgit Magdalena, Björn Buß, Bruder Laurentius, Carola Schiller, Carsten Diederich, Carsten Reetz, Chris Mountainer, Christian Clewing, Christian Fischer, Christian Jacob, Christian König, Christian v. Grone, Christian Vosgörne, Christian Weber, Christina Holten, Christine Doering, Christof Jahn, Christof Vogt, Christoph Reichmuth, Christoph Schafferer, Christoph Schulze, Christoph Spngnbrg, Christoph Winter, Christopherus Francus Flavus, Claudia Natschläger, Dajana Jackson, Daniel Kroha, Daniel Seeburger, David Bakker, David Posor, Dirk Markfort, Dirk Rosenbaum, Dominik Hämmerl, Dominik Leitner, Dominik Mai, Doris Bege-Vincken, Eike Thorben, Eva Gaudlitz, Fai Sni, Fabian Näf, Fatma Akyürek, Frank Assing, Frank Reinker, Frank Wunderatsch, Fred Bauer, Frederic Griesbaum, Guido Kratzke, Gunnar Gust, Gunnar Pier, Günther Schalk, Harald Schermann, Heike Hecken, Heike Hochwald, Heiner Gosmann, Helmut Heimann, Holger Mock, Ingo K., Jan Philipp, Jens Poschmann, Jesberger Patricia, Johannes Postlmyr, Johannes Sträßer, Jörg Läge, Jurker Kunde, Karl Aschnikow, Katharina Stricknadel, Katja Plank, Katrin Schmidt, Kermit Frosch, Kerstin Tokic, Kevin Keegan, Kirsten Braselmann, Kristian Kaiser, Larissa Jölitz, Lars Baumann, Lars Frohmüller, Laura Perlitz, Leandra Egge, Louisa-Madeleine Schwetz, Lukas Meingaßner, Lukas Schenk, Lutz Prauser, Malte Dürr, Manfred Dempf, Marike Charlotte, Marion Neuhaus, Markus Drossel, Markus Gauger, Markus Miklas, Markus Peick, Martin Grabler, Martin Kümpel, Martin Roscher, Martin von Braunschweig, Martina Hueber, Matthias Donabaum, Matthias Strell, Maya He, Melanie Bischoff, Melanie Tropp, Micha Nocebo, Michael Ansperger, Michael Bührke, Michael Fisahn, Michael Geißler, Michael Josef Schweiger, Michael Scholten, Michael Tschimmel, Mike Rathmer, Mo

GrEm, Morris Krause, Nicole Hentschke, Nicole Horn, Nina Heinrich, Norbert Klappacher, Olaf Plotke, Ottheinrich Ratzlinger, Patrick Meyer, Peter Lischka, Peter Viebig, Philipp Michel, Quirin Hiefner, Ralf Franke, Ralf Hanke, Ralf Heither, René Kühlwetter, Robert Koop, Robert Otto, Sabine Müller, Sascha Hirlehei, Sascha Hache, Sebastian Driemer, Sebastian Sieracki, Siemen Wiemer, Simon Fellenberg, Simone H., Sönke Hansen, Sophie von Bissingen, Sourush Marx, Stefan Felten, Stefan Werding, Susanne Edelmann, Susanne Müller, Sven Uhlig, Svenja Dengler, Theo Heitbaum, Thilo Pawelka, Thomas Magney, Thomas Paulwitz, Thorsten Neuhaus, Torsten Rohde, Tim Laufer, Tim Stelzer, Tobias Formanski, Tobias Kindel, Udo G aus H (Gödner), Udo Hilwerling, Ulrich Ha, Ute Elsner, Uwe Keuerleber, Van Britt, Werner Sammer, Winfried Pethe, Wolfgang Konrad, Wolfgang Schroeter und Wolfram Lange.

macht noch einer die Bildzeile? Links ist glaub ich Heymann, rechts Homering

Die Welt in überwiegend lustigen Grafiken bei Heyne

Der Graphitti-Blog präsentiert witzige Grafiken, die das alltägliche Leben, vor allem aber gefühltes Wissen abbilden – Bücher zum pausenlosen Nicken und Lachen!

978-3-453-60319-6

Katja Berlin / Peter Grünlich
Was wir tun, wenn der Chef reinkommt
978-3-453-60319-6

Peter Grünlich / Wanda Friedhelm
Wo wir benutztes Geschirr hinstellen
978-3-453-60316-5

Katja Berlin / Peter Grünlich
Was wir tun, wenn es an der Haustür klingelt
978-3-453-60269-4

Katja Berlin / Peter Grünlich
Was wir tun, wenn der Aufzug nicht kommt
978-3-453-60220-5

Leseproben unter www.heyne.de